curiosidad por LOS CÍCLOPES

POR GINA KAMMER

AMICUS LEARNING

¿Qué te causa

2
CAPÍTULO DOS
La vida de los cíclopes
PÁGINA
10

1
CAPÍTULO UNO
Leyendas de los cíclopes
PÁGINA
4

¿curiosidad?

3
CAPÍTULO TRES
Encontrar a los cíclopes
PÁGINA
16

¡Mantén tu curiosidad! 22
Glosario 24
Índice 24

Curious About está publicado por
Amicus Learning, un sello de Amicus
P.O. Box 227
Mankato, MN 56002
www.amicuspublishing.us

Editora: Ana Brauer
Diseñadora de la serie: Kathleen Petelinsek
Diseñadora del libro: Kim Pfeffer
Investigadoras fotográficas: Katelynn Hope y Kim Pfeffer

Library of Congress Cataloging-in-Publication Data
Names: Kammer, Gina, author.
Title: Curiosidad por los cíclopes / by Gina Kammer.
Other titles: Curious about cyclopes. Spanish
Description: Mankato, MN : Amicus Learning, an imprint of Amicus, [2025] | Series: Curiosidad por las criaturas míticas | Translation of: Curious about cyclopes. | Audience: Ages 6–9 | Audience: Grades 2–3 | Summary: "Where did the cyclops come from? Learn about the Greek mythology surrounding Cyclopes in this Spanish question-and-answer book for elementary readers. Translated into North American Spanish. Includes infographics, table of contents, glossary, and index"— Provided by publisher.
Identifiers: LCCN 2024025014 (print) | LCCN 2024025015 (ebook) | ISBN 9798892003254 (library binding) | ISBN 9798892003315 (paperback) | ISBN 9798892003377 (ebook)
Subjects: LCSH: Cyclopes (Greek mythology)—Miscellanea–Juvenile literature.
Classification: LCC BL820.C83 K3618 2025 (print) | LCC BL820.C83 (ebook) | DDC 398.21—dc23/eng/20240609
LC record available at https://lccn.loc.gov/2024025014
LC ebook record available at https://lccn.loc.gov/2024025015

Créditos de las fotos: Adobe Stock/Alfi, 5; Alamy Stock Photo/ARTGEN, 18-19; Freepik/IT'S ORA, 15 (arriba a la izquierda), Pikaso, 12-13; Getty Images/ZU_09, 14; Shutterstock/Anatoly Vartanov, 15 (abajo a la derecha), Daniel Eskridge, 7, Fer Gregory, 15 (arriba a la derecha), Grobler du Preez, 20, Michael Rosskothen, portada, Mirko Kuzmanovic, 10, NosorogUA, 15 (abajo a la izquierda), Obsidian Fantasy Studio, 11; Wikimedia Commons/Berthold Werner, 20-21, Constantin Hansen, 8-9, Johann Heinrich Wilhelm Tischbein, 4, Josep Renalias, 17 (arriba)

Impreso en China

CAPÍTULO UNO

¿Qué son los cíclopes?

En griego, cíclopes significa "ojo redondo".

En los **mitos** griegos, los cíclopes eran gigantes. Al principio, sólo había tres. Se llamaban Arges, Brontes y Steropes. Su padre era el dios del cielo. Su madre era la diosa de la Tierra. Eran criaturas poderosas.

En algunas historias, los cíclopes son pastores. Cuidan de ovejas y cabras.

¿Qué aspecto tiene un cíclope?

¡Da miedo! Un cíclope parece un humano gigante. Es grande y fuerte. Pero sólo tiene un ojo en medio de la frente. En el arte antiguo, algunos tienen hendiduras o marcas donde estarían los ojos humanos.

En los cuentos, algunos cíclopes son muy feos y tienen dientes afilados.

COMPARACIÓN DE TAMAÑOS

¿Qué altura tiene un cíclope?

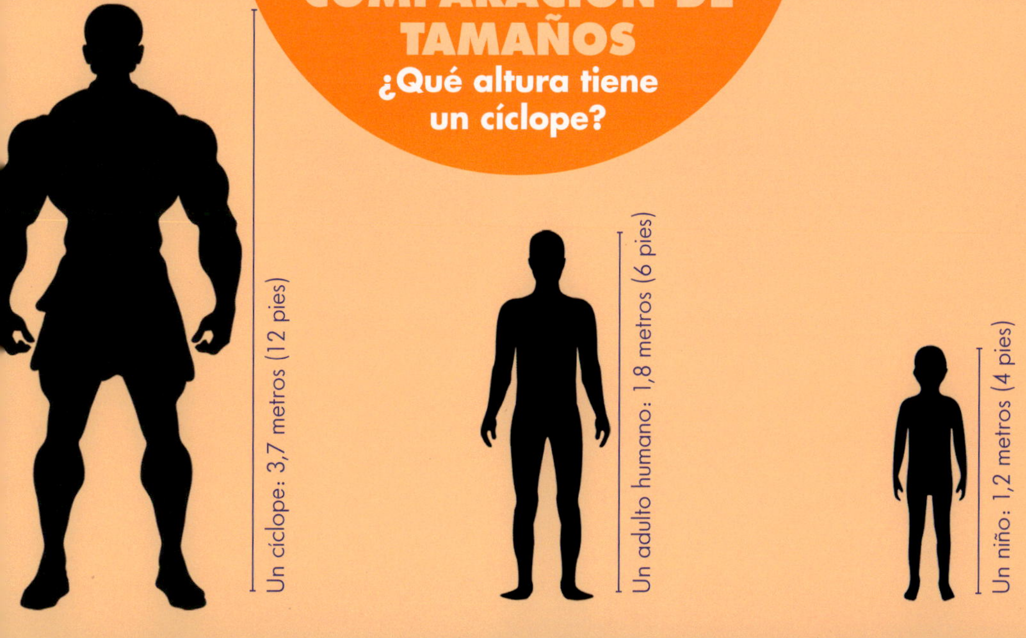

Un cíclope: 3,7 metros (12 pies)

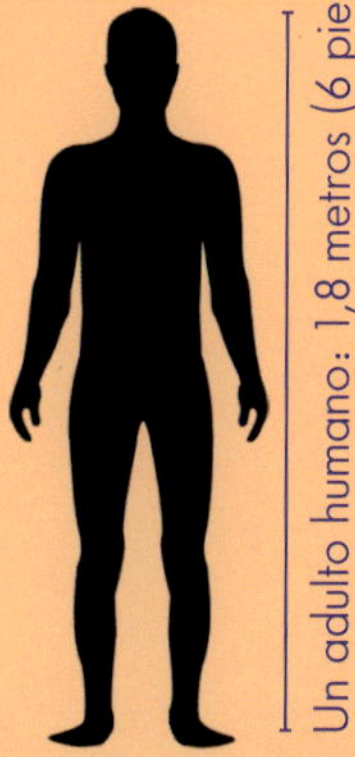

Un adulto humano: 1,8 metros (6 pies)

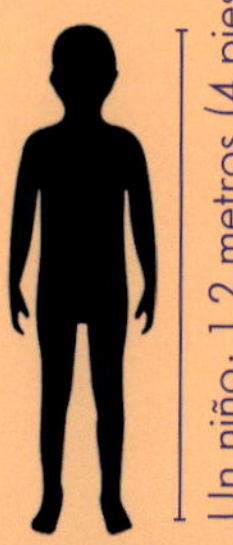

Un niño: 1,2 metros (4 pies)

¿Son reales los cíclopes?

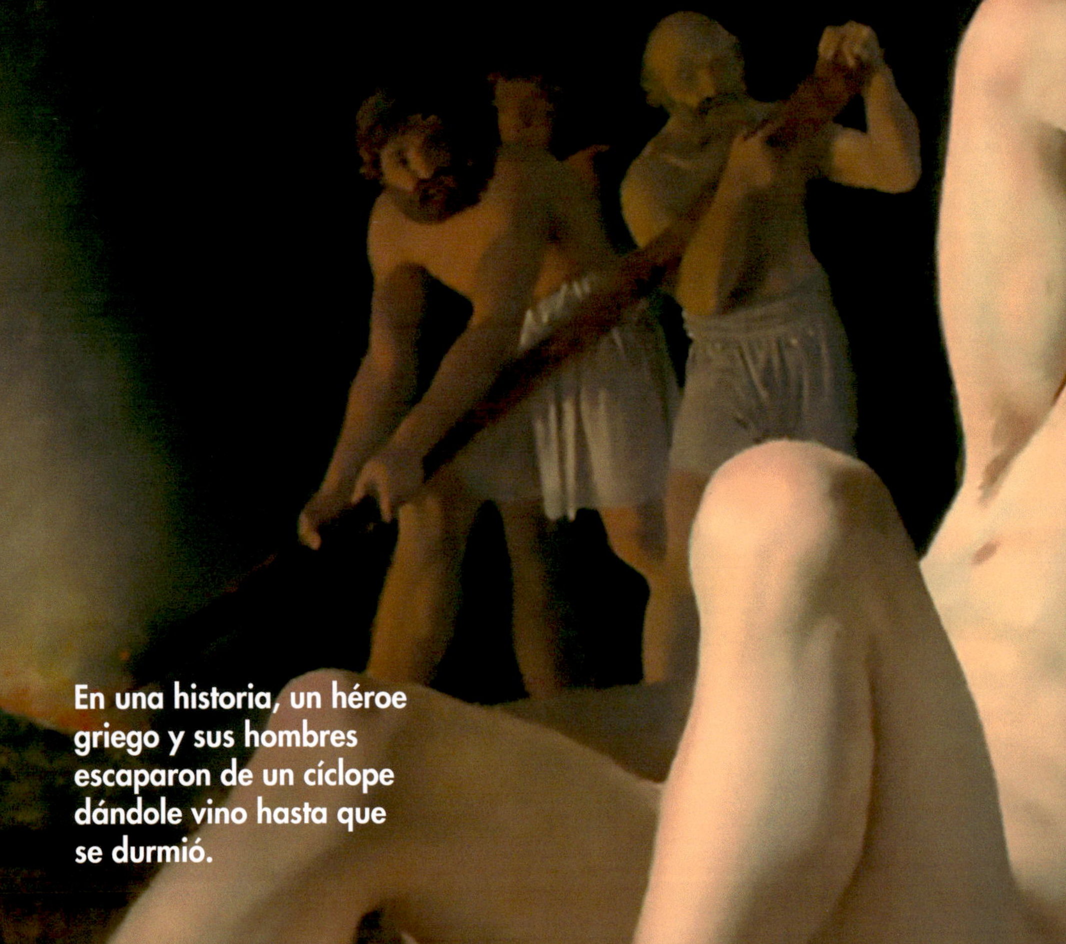

En una historia, un héroe griego y sus hombres escaparon de un cíclope dándole vino hasta que se durmió.

La verdad es que no. Pero se cuentan historias sobre los cíclopes desde hace 2.000 años. En un mito, un hombre se encuentra con un cíclope. Quiere comérselo. Él lo engaña y escapa. Sin embargo, nadie tiene **pruebas** contundentes de que sean reales.

CAPÍTULO DOS

¿Qué le gusta hacer a un cíclope?

Un cíclope es salvaje. Pero trabaja duro. Un cíclope puede hacer truenos y rayos. En una **fragua**, da forma al metal con un martillo. Fabrica armas y armaduras. Un cíclope puede construir murallas de piedra alrededor de las ciudades. Incluso cuida ovejas.

En una fragua, el fuego y los martillos se utilizan para dar forma al metal y convertirlo en herramientas o armas.

Un cíclope es muy fuerte y puede utilizar armas muy pesadas.

En los cuentos, los cíclopes pueden vivir eternamente. Pero a menudo tienen vidas cortas porque son matados.

¿Cuánto vive un cíclope?

¡Para siempre! Pero es difícil saberlo con seguridad. Un cíclope puede ser herido o atrapado. En un mito, Apolo mata a los cíclopes en venganza. Apolo es el dios griego de la música y la curación. Un rayo hecho por un cíclope mató al hijo de Apolo. El dios estaba furioso por la muerte de su hijo.

¿Son simpáticos los cíclopes?

Un cíclope podría fingir ser amistoso para atrapar a los humanos.

Probablemente no. A veces se comen a la gente. ¡Así que no te pongas en su contra! Nunca se sabe. No siguen reglas ni leyes. Pero los cíclopes ayudaron a Zeus, el rey de los dioses. También fabricaban armas poderosas para los dioses.

ARMAS Y ARMADURAS FABRICADAS POR LOS CÍCLOPES

RAYOS:
ra Zeus, rey de los dioses y del cielo

TRIDENTE:
Por Poseidón, dios del mar

ARCO Y FLECHAS:
Por Artemisa, diosa de la caza

CASCO DE INVISIBILIDAD:
Para Hades, dios de los muertos y del inframundo

¿Dónde viven los cíclopes?

Los cíclopes viven en el **desierto**. En un cuento, viven en las cuevas de una isla. También pueden vivir en volcanes. Allí es donde las **leyendas** dicen que trabajan para los dioses. Se dice que los cíclopes **rondan** el monte Etna.

El monte Etna es un volcán activo de Sicilia (Italia). Algunos creen que allí viven los cíclopes.

LUGARES PARA AVISTAR A LOS CÍCLOPES

FRANCIA
ITALIA
ESPAÑA
Monte Etna
SICILIA

¿Qué hiere a un cíclope?

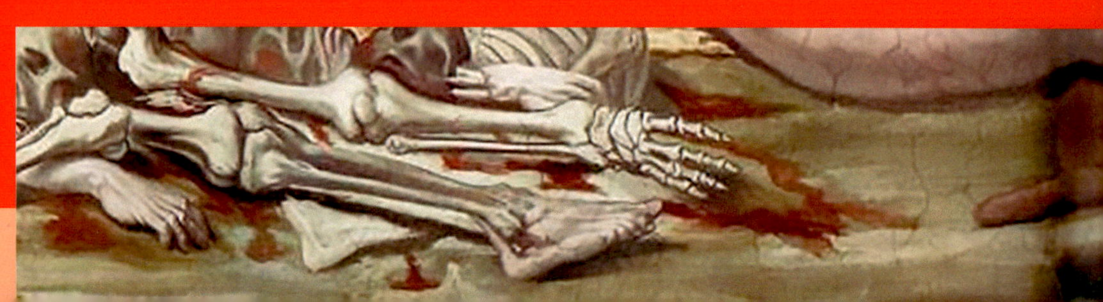

En la mayoría de las historias, la única forma de vencer a un cíclope es cegarlo.

¡Un golpe abrupto en el ojo! O arrojarlo al Tártaro. Esa es una prisión en el inframundo griego. Pero no te metas en una pelea con un cíclope. Es fuerte. Ataca con fuego y rayos. Puede lanzar enormes rocas. ¡Cuidado!

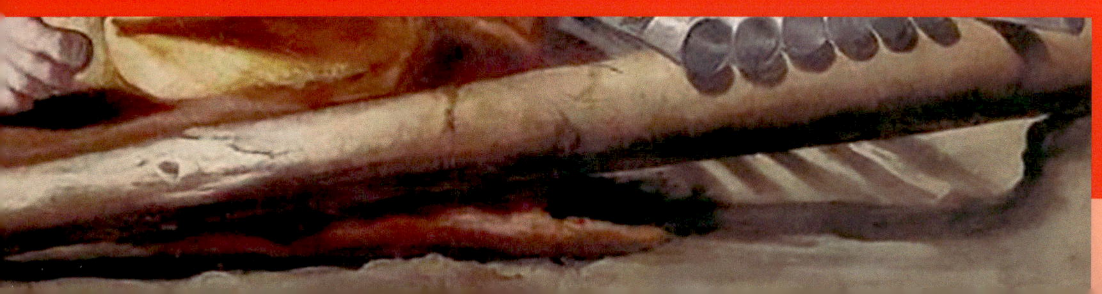

El cráneo de un elefante enano parece que podría pertenecer a un cíclope.

¿Qué otra cosa podrían ser los cíclopes?

Un grupo de personas que vivieron antes que los griegos antiguos. No eran gigantes. Sólo gente que construía murallas con grandes rocas. Las murallas se llaman murallas **ciclópeas**. Algunas aún existen. Es probable que la gente pensara que estas enormes murallas habían sido construidas por gigantes.

Las murallas ciclópeas suelen encontrarse en Grecia e Italia.

HAZ MÁS PREGUNTAS

¿Qué historias se han contado sobre los cíclopes?

¿Quiénes eran algunos cíclopes famosos en los mitos?

Prueba con una GRAN PREGUNTA: ¿Por qué la gente cree en historias sobre criaturas gigantes y dioses?

BUSCA LAS RESPUESTAS

Busca en el catálogo de la biblioteca o en el internet.
Pueden ayudarte tus padres, un bibliotecario o un maestro.

Usar palabras clave
Busca la lupa.

Las palabras clave son las palabras más importantes en tu pregunta.

?

Si quieres saber sobre:

- cíclopes en los mitos griegos, escribe: MITOS DE LOS CÍCLOPES
- otros mitos griegos, escribe: MITOLOGÍA GRIEGA

GLOSARIO

ciclópeo Estilo de construcción con grandes piedras colocadas juntas sin nada entre ellas.

desierto Una zona salvaje y natural en la que vive poca gente.

fragua Lugar donde se fabrican objetos metálicos calentando y dando forma al metal.

leyenda Una historia del pasado que puede o no ser cierta pero que no se puede comprobar.

mito Una idea o historia en la que cree mucha gente pero que no es cierta.

prueba Hechos o evidencia que demuestran que algo es cierto.

rondar Lo que hace un fantasma cuando visita un lugar a menudo.

ÍNDICE

Apolo, 13
armas, 10, 11, 15
ciclópeo, 20–21
construcciones, 10, 20
dioses, 4, 12, 15, 16
gigantes, 4, 6, 20
griego, 4, 13, 19, 20
ojo, 4, 6, 19
rayo, 10, 13, 15, 19
Zeus, 15

Acerca de la autora

Gina Kammer creció escribiendo e ilustrando sus propias historias. Ahora enseña a otros a escribir historias en inkybookwyrm.com. Le gusta leer literatura fantástica y medieval. También le gusta viajar, pintar al óleo, el tiro con arco y acurrucar a su conejito gruñón. Vive en Minnesota.